PAIDEIA
ÉDUCATION

MIXTE
Papier issu de sources responsables
Paper from responsible sources
FSC® C105338

MARIVAUX

Le Jeu de l'amour et du hasard

Analyse littéraire

© Paideia éducation.

22 rue Gabrielle Josserand - 93500 Pantin.

ISBN 978-2-75930-460-8

Dépôt légal : Septembre 2023

Impression Books on Demand GmbH

In de Tarpen 42

22848 Norderstedt, Allemagne

SOMMAIRE

- Biographie de Marivaux.. 9

- Présentation *Le Jeu de l'amour et du hasard*............ 13

- Résumé de la pièce... 17

- Les raisons du succès.. 31

- Les thèmes principaux.. 37

- Étude du mouvement littéraire..................................... 45

- Dans la même collection.. 51

BIOGRAPHIE DE MARIVAUX

Pierre Carlet de Chamblain de Marivaux est né en 1688 à Paris. Son père est un petit fonctionnaire.

Il vit d'abord en province avant de s'installer à Paris en 1712, lié par sa mère au milieu artistique de la capitale. Cette même année, il écrit sa première comédie : *Le Père prudent et équitable*. Un an plus tard, il rédige son premier roman, *Les Effets surprenants de la sympathie*, qui lui vaut un premier honneur dans le *Journal des savants*. Il étudie le droit qu'il abandonne rapidement. Il fréquente les salons littéraires. En 1715, alors qu'éclate une seconde querelle entre les Anciens et les Modernes, Marivaux se range avec énergie du côté des Modernes.

Il se marie en 1717 avec Colombe Bollogne. Ruiné par la banqueroute de Law (il avait acheté des actions avec la dot de sa femme), il se met à écrire pour vivre. Il débute alors dans le journalisme, au *Mercure*. On connaît peu de choses sur sa vie privée. On sait qu'il est père d'une fille, Colombe-Prospère, née en 1719. Il écrit sa première et dernière tragédie en vers en 1720 : *Annibal*. Il devient veuf en 1723. Il consacre son existence à défendre ses principes dans ses écrits.

C'est un auteur prolifique qui signe sept romans et récits, dont *La Vie de Marianne* (1731-1738) et *Le Paysan parvenu* (1735). Il fonde et dirige trois journaux, publie une quinzaine d'essais, et surtout compose trente-cinq pièces de théâtre. Ce sont des chefs-d'œuvre de grâce et d'esprit, parmi lesquels figurent quelques-uns des classiques du patrimoine français. À partir d'*Homère travesti, ou L'Iliade en vers burlesques* (1717), sa quatrième œuvre, il signe du nom de « M. de Marivaux ». *Annibal* connaît peu de succès à la Comédie-Française, alors qu'*Arlequin poli par l'amour* (1720) révèle son talent à la Comédie-Italienne pour lequel il rédigea le plus grand nombre de ses comédies.

Il entre à l'Académie française en 1742 et c'est en 1760

qu'apparaît le mot, alors ironique, de « marivaudage », nom commun fabriqué à partir du nom de l'auteur pour désigner une sorte de langage métaphysique, avant d'être détourné de son sens et de signifier la préciosité et la futilité. Marivaux est un observateur de la nature humaine en laquelle il croit à la manière de Rousseau. Il considère la sincérité comme le don inné de la jeunesse, comme il le montre dans *La Surprise de l'amour* (1722).

Son œuvre manifeste sa révolte contre l'injustice sociale (*L'Île des esclaves*, 1725), contre les préjugés et les convenances de caste (*Le Jeu de l'amour et du hasard* en 1730, *Les Fausses Confidences* en 1737, *La Double Inconstance* en 1723, *La Dispute* en 1744), contre les intrigues vénales (*La Fausse Suivante* en 1724, *La Mère confidente* en 1735). Il est aussi précurseur du féminisme avec *La Colonie*, en 1727. Mêlant souvent plusieurs thèmes dans une seule pièce, il étudie toutes les facettes de l'amour, ses mirages et ses fuites, ses jeux, sa tendresse et sa cruauté. Il n'hésite pas à brouiller les pistes du cœur et du sexe grâce à l'ambiguïté des travestissements, comme dans *Le Prince travesti* en 1724 ou *Le Triomphe de l'amour* en 1732. Marivaux meurt en 1763 et ne laisse que des dettes.

Sa langue, légère et musicale, est faite de mots simples, qui suggèrent en finesse les méandres et les soubresauts, les contradictions et les surprises des sentiments naissants. Madeleine Renaud est peut-être sa plus grande interprète au XXe siècle, et le metteur en scène Patrice Chéreau éclaire la brutalité de *La Dispute* en 1973, marquant ainsi un certain tournant dans l'art d'aborder Marivaux, auteur subtil et ambivalent.

PRÉSENTATION
LE JEU DE L'AMOUR
ET DU HASARD

La Nouvelle Colonie en 1729 est un échec : la pièce est retirée de l'affiche le lendemain de sa première représentation. Six mois plus tard, Marivaux présente une nouvelle pièce, *Le Jeu de l'amour et du hasard*. Elle est créée à la Comédie-Italienne le 23 janvier 1730. La pièce remporte beaucoup de succès à la cour où elle est jouée quinze fois de suite. Elle est ensuite reprise à l'affiche tous les ans jusqu'à la disparition de la Comédie-Italienne. *Le Jeu de l'amour et du hasard* est remis à l'honneur après la Révolution. En 1791, la pièce est reprise par le théâtre de la République (né de la scission de la troupe à la Comédie-Française). Elle subit quelques modifications : Arlequin est appelé Pasquin, le rôle de Silvia est joué selon les traditions de jeu françaises. Mais la pièce ne quitte pas la scène française de tout le XXe siècle. Le succès de la pièce doit beaucoup au jeu des comédiens qui ont su la servir.

La pièce se compose de trois actes, dont le premier compte neuf scènes tout comme le troisième acte, le second acte se déroulant en treize scènes. C'est une pièce qui dénote la maturité de Marivaux. Elle est équilibrée, maîtrisée et subtile. La scène se déroule à Paris. L'intrigue amoureuse se construit autour de deux jeunes gens qu'il faut marier. Leurs pères respectifs sont amis et organisent une rencontre. Silvia est promise à un certain Dorante dont elle ignore tout. Suspicieuse à l'égard du mariage, elle invente un stratagème qui lui permettrait d'observer cet homme à son insu. Avec l'accord de son père, Silvia va prendre la place de sa femme de chambre et vice versa. Dorante imagine ce même plan et se présente sous l'habit de son valet, Arlequin, qui va à son tour prendre la place de son maître. Silvia tombe amoureuse de celui qu'elle croit être un domestique et Lisette (la suivante) tombe sous le charme d'Arlequin qu'elle croit homme de cour. Silvia désespère tandis que les deux serviteurs se complaisent dans leur jeu amoureux. Les déguisements se dévoilent et les masques tombent au fur et à mesure de la pièce, Dorante étant le dernier à découvrir la vérité. Arlequin et Lisette retrouvent leur modeste rang, l'amour en plus, tandis que Dorante et Silvia partagent le bonheur de s'aimer tout en réconciliant leur fortune.

Arlequin est un personnage hérité de la foire et de la farce. *Le Jeu de l'amour et du hasard* puise dans beaucoup d'autres pièces de la même époque. On trouve des valets et des maîtres qui ont échangé leur rôle dans deux pièces de Marc-Antoine Legrand, *L'Épreuve réciproque* et *Le Galant Coureur*, joué à la Comédie-Française en 1711 et 1722. Il en est de même pour *Le Portrait de Beauchamp* donné à la Comédie-Italienne en 1727, où la jeune fille fait passer pour elle sa soubrette Colombine. La source la plus directe dans l'esprit et l'intrigue de la pièce est la comédie de l'abbé Aunillon, abbé libertin de la Régence, intitulée *Les Amants déguisés* et qui fut représentée à la Comédie-Française en 1728. Cette pièce met en scène une comtesse dont la suivante, Finette, va jouer le rôle, tandis que Valentin, le valet, se présente sous les habits du marquis, son prétendant. Tout comme dans l'œuvre de Marivaux, les deux futurs mariés décident de faire l'échange d'identité avec leurs serviteurs respectifs pour mieux connaître l'autre. Ils s'éprennent l'un de l'autre sous leurs habits d'emprunt et se démasquent pour découvrir un mariage inspiré par l'amour. Il s'agit dans les deux pièces de s'assurer de la sincérité du cœur de l'autre.

RÉSUMÉ DE LA PIÈCE

Acte Premier

Scène première

Aucune didascalie. Silvia et Lisette, sa femme de chambre, discutent du prochain mariage de Silvia. Lisette a répondu au père de Silvia, Orgon, qu'elle était prête à se marier. Silvia réprimande Lisette. Elle craint que son père ne lui trouve un mari qu'elle n'aime pas. Lisette vante toutes les qualités de son promis : « Des plus honnêtes du monde, qu'il est bien fait, aimable, de bonne mine, qu'on ne peut pas avoir plus d'esprit. » Silvia lui oppose tous les maris qui à sa connaissance ont très « bonne mine » mais sont d'un caractère effroyable pour leur femme. Elle cite Ergaste (« sombre, brutal, farouche »), Léandre (« fait expirer de langueur, de froid et d'ennui ») et Tersandre (il se met en colère contre sa femme puis affiche le visage le plus « souriant » qui soit). Silvia se méfie du mariage et des apparences.

Scène 2

Orgon annonce à sa fille Silvia que son prétendant est en chemin pour la rencontrer. Il le sait d'une lettre qu'il a reçue du père du « prétendu ». Il interroge sa fille sur les raisons de son air triste. Lisette et Silvia lui rapportent la conversation qu'elles viennent d'avoir sur les maris qui n'avaient aucune douceur avec leur femme. Orgon comprend son inquiétude. Il lui affirme qu'elle ne l'épousera que s'il lui plaît et inversement. Le père de Dorante (le prétendant) est un vieil ami d'Orgon et tous deux se sont mis d'accord à ce propos. Silvia l'en remercie mais lui demande une faveur : elle souhaite changer de rôle avec Lisette. Silvia deviendrait la servante et Lisette la femme de sang noble. Silvia assure à son père que

Lisette a bien assez d'esprit pour la remplacer. Silvia souhaite observer l'inconnu sans être reconnue. Son père accepte : « Soit, ma fille, je te permets le déguisement. »

Scène 3

Mario, le frère de Silvia, entre en scène. Il vient la féliciter pour la venue de son prétendant. Elle les quitte son père et lui pour se préparer. Orgon informe son fils que, dans la lettre qu'il a reçue, il est écrit que Dorante viendrait déguisé, « sous la figure de son valet, qui de son côté fera le personnage de son maître ». Il explique à son fils que Silvia ignore tout de ce secret mais qu'elle a fait la même demande et va se faire passer pour la servante. Mario se réjouit d'avance de ce jeu de rôle et conseille à son père de ne rien dire à Silvia à propos du masque de Dorante.

Scène 4

Silvia se présente à Orgon et Mario en femme de chambre et leur demande de juger si elle est crédible. L'arrivée du valet de Dorante (qui n'est autre que Dorante lui-même) est annoncée.

Scène 5

Pour les personnages, la didascalie précise ici le déguisement : « Dorante, *en valet*. » Dorante se présente à Orgon, Mario et Silvia. Mario s'amuse avec les double sens et pousse les deux jeunes gens à se tutoyer puisqu'ils sont de même rang. Dorante et Silvia se prennent au jeu de la séduction. Orgon et Mario les laissent seuls, prétendant aller chercher Silvia (qui n'est autre que Lisette en réalité).

Scène 6

Silvia et Dorante sont seuls. Chacun commence sa réplique « à part ». Silvia se dit que c'est un bon valet et qu'il saura l'« instruire » sur son maître. Dorante est sous le charme de Silvia : « Cette fille-ci m'étonne, il n'y a point de femme au monde à qui sa physionomie ne fît honneur. » Dorante ne tarit pas d'éloges sur Silvia qui se laisse charmer. Ils jouent le jeu de la provocation et en oublient leur objectif premier : en savoir plus sur celui ou celle que chacun va peut-être épouser. Silvia ne parvient pas à partir. Dorante l'intrigue mais elle le repousse et lui avoue : « Je n'épouserai jamais qu'un homme de condition. » Dorante lui annonce qu'il a fait la même promesse « de n'aimer sérieusement qu'une fille de condition ». Leur complicité s'accroît. Le maître de Dorante (son valet, en réalité) approche.

Scène 7

Arlequin, valet de Dorante, se présente devant Silvia. Il demande à son valet s'il a été bien reçu et que son « beau-père » et sa « femme » l'attendaient ici. Silvia n'apprécie pas du tout cette trop grande confiance. Elle se plaint discrètement à Bourguignon, nom sous lequel s'est présenté Dorante : « Bourguignon, on est homme de mérite à bon marché chez vous, ce me semble ? » Silvia part chercher son père et Lisette pour qu'ils se présentent à Arlequin. Elle s'interroge : « Que le sort est bizarre ! Aucun de ces deux hommes n'est à sa place. »

Scène 8

Dorante et Arlequin se retrouvent seuls. Dorante réprimande Arlequin sur ses façons « sottes et triviales ». Arlequin trouve la situation très plaisante et reste très content de son entrée : « Mon commencement va bien, je plais déjà à la soubrette. »

Scène 9

Orgon salue Arlequin qui est aux côtés de Dorante. Il s'excuse pour son retard.

Acte II

Scène première

Lisette et Orgon discutent. Lisette le prévient qu'il faut mettre un terme à ce déguisement car elle craint que le « prétendu gendre » d'Orgon ne tombe sous son charme. Orgon rit et lui conseille de ne pas se ménager dans cette voie : « Renverse, ravage, brûle, enfin épouse, je te le permets si tu le peux. » Il demande en revanche ce que Silvia pense du valet, à quoi Lisette répond qu'elle rougit à ses avances.

Scène 2

Arlequin retrouve Lisette et Orgon. Ce dernier les laisse seul : « Il est bon que vous vous aimiez un peu avant que de vous marier. »

Scène 3

Arlequin et Lisette sont seuls. Arlequin la complimente et la séduit. Lisette se montre suspicieuse à son égard : « Mais est-il possible, que vous m'aimiez tant ? Je ne saurais me le persuader. » Lisette l'arrête en apercevant le valet qui arrive.

Scène 4

Dorante vient trouver Arlequin pour lui parler. Arlequin profite de son déguisement pour refuser et s'adresse à son maître comme à un valet : « Non : maudite soit la valetaille qui ne saurait nous laisser en repos ! » Dorante lui demande de prendre un air « mécontent » et de ne rien promettre à la dame.

Scène 5

Arlequin et Lisette sont à nouveau seuls. Arlequin insiste pour savoir si Lisette l'aime. Elle cède et lui avoue son amour. Arlequin en est très heureux. Mais Lisette sait qu'elle n'est pas la « dame de condition » qu'il croit avoir en face de lui. Ils se font la promesse de s'aimer qu'importent les erreurs de chacun sur le compte de l'autre. Arlequin s'agenouille devant Lisette qui le prie de se relever.

Scène 6

Silvia rejoint Lisette et Arlequin. Elle presse Lisette pour lui parler en privé. Arlequin insiste pour qu'elle s'en aille : « Eh ma mie revenez dans un quart d'heure, allez, les femmes de chambre de mon pays n'entrent point qu'on ne les appelle. » Silvia le trouve bien « vilain homme ». Lisette quitte

Arlequin pour parler à Silvia.

Scène 7

Silvia et Lisette sont seules. Silvia n'éprouve que répulsion pour Arlequin et demande à Lisette de lui refuser sa main en son nom. Lisette refuse et invoque l'excuse qu'Orgon le lui a interdit. Elle accuse le valet Bourguignon d'avoir raconté des vilénies sur Arlequin à Silvia. Cette dernière s'en défend avec rage « jusqu'aux larmes ». Elles se disputent violemment, Silvia la congédie.

Scène 8

Court monologue de Silvia qui revient sur son emportement. Elle se plaint de Lisette qui lui a parlé avec beaucoup d'insolence. Puis elle voit Dorante, « cet objet en question pour lequel je m'emporte ».

Scène 9

Dorante et Silvia se retrouvent seuls. Dorante a l'air abattu, il souffre de son amour pour Silvia qu'il croit être Lisette. Il lui annonce que son maître s'en va et que par là-même lui aussi. Il avoue l'aimer mais elle le repousse. Elle essaie de le quitter, lui aussi, mais sans y parvenir. Puis Dorante se jette à ses genoux. À ce moment-là, Orgon et Mario les surprennent mais n'en disent rien. Ils les observent tous les deux. Silvia accepte de dire à Dorante tout ce qu'il veut entendre à condition qu'il se relève, et qu'elle l'aimerait « volontiers » s'il était d'une plus haute condition. Dorante la croit sincère.

Scène 10

Orgon au côté de Mario interrompt Silvia et Dorante. Il demande à parler à sa fille. Dorante va pour se retirer. Orgon dit à Dorante de parler mieux de son valet, « avec un peu plus de ménagement que vous ne faîtes ».

Scène 11

Silvia est avec son père et Mario. Orgon et Mario se jouent de son embarras. Ils l'accusent de s'être laissée aller à croire ce que lui disait Bourguignon à propos de son maître. Lisette leur a confié que c'est Bourguignon qui répandait une mauvaise réputation sur son maître. Silvia le défend avec virulence et refuse pareille injustice. Elle avoue que Bourguignon et elle ne discutent pas de son maître lorsqu'ils sont seuls tous les deux. Elle refuse d'épouser le prétendu Dorante qui lui inspire une répulsion « naturelle ». Orgon et Mario persistent à lui dire qu'elle épousera Dorante.

Scène 12

Silvia est seule et souffre de cette situation. Dorante surgit. Il vient lui avouer la vérité sur son identité. Il est Dorante et c'est son valet qui est à sa place. Il explique qu'il voulait observer la femme qu'il devait épouser mais qu'elle ne lui plaît guère. En revanche, elle est amoureuse de son valet et Dorante la sent prête à l'épouser. Silvia ne dit encore rien de son mensonge ni du rôle de Lisette mais le rassure sur le dénouement de toute cette affaire.

Scène 13

Silvia et Mario sont seuls. Silvia demande à son frère de l'aimer comme il l'avait dit en « badinant » lorsqu'il s'adressait à elle comme à une femme de chambre. Elle lui dit que Bourguignon est Dorante. Mario feint de ne pas comprendre.

Acte III

Scène première

Dorante et Arlequin se retrouvent seuls. Arlequin demande à Dorante de ne pas le priver de l'amour de sa dame et qu'il accepte les coups de bâton s'il le faut. Dorante refuse qu'il se marie en son nom. Arlequin lui propose d'avouer son état de valet à la dame et si elle l'aime toujours de le laisser l'épouser. Dorante ne s'y oppose pas.

Scène 2

Dorante part à la recherche de Silvia (qu'il croit être Lisette) pour savoir si elle a réussi à parler à sa maîtresse. Mario entre en scène. Il se présente à Dorante comme un rival. Il lui demande de partir parce qu'un valet a moins de chance de la conquérir qu'un homme de sa condition : « Tu n'es pas fait pour lutter contre moi. »

Scène 3

Silvia rejoint Mario et Dorante. Silvia attend de voir la réaction de Dorante. Il lui dit que Mario lui a demandé de ne plus lui dire son amour et de partir. Mais Dorante confie à Silvia qu'il attend ses ordres à elle. Mario se fâche. Silvia demande à Dorante de les quitter. Il s'exécute, non sans colère.

Scène 4

Silvia confie à son père et à son frère le but de son projet. Elle souhaite que Dorante la demande en mariage dans sa condition de femme de chambre. Elle veut que son amour triomphe de la raison, qu'il lutte entre son désir pour elle et sa loyauté de fils, qu'il abandonne sa fortune pour son amour : « Mais il faut que j'arrache ma victoire, et non pas qu'il me la donne : je veux un combat entre l'amour et la raison. »

Scène 5

Lisette les rejoint tous les trois. Elle demande à Orgon et à Silvia si elle peut épouser Dorante qui est en fait Arlequin. Tous y consentent mais Orgon lui demande pour les « disculper » de lui avouer avant sa condition de femme de chambre. Lisette accepte.

Scène 6

Lisette est avec Arlequin. Tous deux sont gênés par l'aveu qu'ils doivent faire à l'autre. C'est Arlequin qui parle le premier. Il n'ose lui dire son nom et se présente peu à peu comme « un soldat d'antichambre » dont le « capitaine » serait Dorante. Elle feint de se fâcher (« Faquin ! »), se rend compte qu'elle s'est épuisée en humilité pour lui mais rit et pardonne. Elle lui avoue à son tour qu'elle est « la coiffeuse de Madame ». À son tour il rit. Elle lui demande plus sérieusement si son amour n'a pas changé. Arlequin lui assure que non, qu'elle a « toujours le même visage ». Lisette lui demande de rien en dire à son maître.

Scène 7

Arlequin annonce à Dorante que la fille d'Orgon accepte de l'épouser même sous sa condition de valet. Dorante ne le croit pas et reste persuadé qu'il le trompe. Arlequin le provoque : « Voulez-vous gager que je l'épouse avec la casaque sur le corps, avec une sous guenille. » Arlequin voit Silvia venir : « Bonjour, Lisette : je vous recommande Bourguignon ; c'est un garçon qui a quelque mérite », prononce-t-il avant de les laisser seuls.

Scène 8

Dorante et Silvia se vouvoient à nouveau. Dorante va pour partir. À demi-mots, Silvia tente de le retenir mais elle est trop fière pour le lui dire clairement : « Ce n'est pas à moi à vous les demander. » Dorante se fâche qu'elle soit si peu sensible à sa souffrance. Il part mais s'en retourne auprès d'elle pour se justifier. Elle se réjouit de le voir revenir, c'est la preuve pour elle qu'il l'aime sincèrement et qu'il l'épousera. Il est convaincu qu'elle aime Mario et n'a pas de sentiments pour lui. Silvia le raisonne et commence à lui dévoiler ses motivations. Un homme de sa condition pourrait la délaisser quand bon lui semblerait et elle se retrouverait seule, blessée dans ses sentiments. Il lui assure que pour rien il ne changera et que c'est elle qu'il a choisie, toute femme de chambre qu'elle soit : « Mon cœur et ma main t'appartiennent. » Dès qu'elle lui a confié ses sentiments amoureux, le tutoiement a repris et Dorante s'est enflammé. Il n'a plus peur ni de Mario, ni de son père à lui, ni de sa fortune. « Que d'amour ! », conclut Silvia.

Scène dernière

Tous les personnages se retrouvent sur scène : Orgon, Silvia, Dorante, Lisette, Arlequin, Mario. Silvia appelle son père pour lui dire qu'elle accepte d'épouser Dorante avec joie. Dorante se rend compte alors qu'elle a eu la même idée que lui pour connaître les intentions de l'autre. Orgon lui assure qu'il était au courant du déguisement de Dorante par la lettre de son père mais qu'il n'en avait rien dit à sa fille avant lui. Dorante remercie Mario de l'avoir mis en colère car ainsi il a pu prouver à sa dame qu'il était de bonne foi et que son amour était sincère. Tous sont heureux de leur sort.

LES RAISONS
DU SUCCÈS

Le Jeu de l'amour et du hasard est la pièce de Marivaux la plus jouée toutes époques confondues, la plus connue, et la plus étudiée, celle qui reste dans l'imaginaire collectif. C'est une pièce qui se situe à un tournant de la carrière de Marivaux. C'est la dernière pièce dans laquelle se jouent une description du monde aristocratique et une dramaturgie qui se concentre sur son autonomie et son indépendance vis-à-vis des conventions antérieures. C'est aussi une aspiration vers la découverte du monde bourgeois. Avec des thèmes comme l'argent ou le mariage, la pièce est réaliste.

En 1730, le succès est immédiat. Les pièces qui traitent d'amour sont à la mode. La question de la reconnaissance et de l'acceptation du sentiment plaît au public, dont la curiosité est d'autant plus touchée par les jeux de masques et de déguisements. Le public est sensible au problème de l'identité sociale et de l'inscription de l'amour dans le cadre d'un univers sociologiquement caractérisé et mis en jeu au théâtre. C'est une comédie d'épreuves, d'amour et de préjugés. La force comique soulève une réflexion sur les sentiments, la cruauté et le mensonge en société et en famille. *Le Jeu de l'amour et du hasard* met en place l'image d'un dramaturge qui observe les caractères et est juge de la nature humaine. Mais la réflexion morale est dynamique et condensée dans cette comédie, ce qui suscite un si bon accueil. Marivaux inscrit sa pièce de théâtre dans la réalité de sa société contemporaine.

La célébrité de Marivaux se construit très tôt, dès son premier roman. Ses œuvres de théâtre trouvent elles aussi, qu'elles soient des échecs ou non, une place au sein du monde littéraire. La plupart des acteurs et observateurs de l'actualité et de la pensée théâtrale du XVIIIe siècle prennent acte de son existence dans le champ littéraire. Ses comédies sont régulièrement représentées à la cour à partir de 1725. Il écrit pour la Comédie-Française mais aussi pour la Comédie-

Italienne. C'est de là que naît toute la tension de son théâtre. Cette reconnaissance du public s'accompagne de remises en cause violentes des critiques. Ses choix littéraires ternissent sa réputation : il refuse l'héritage moliéresque et privilégie la prose au vers, et il collabore avec la Comédie-Italienne. Sa notoriété devient alors ambivalente. Sa singularité n'est pas acquise sous un jour positif, au contraire elle devient stigmatisante comme le prouve le néologisme du XVIIIe siècle pour parler du style de Marivaux : le « marivaudage ». La Harpe définit ce terme ainsi : « Le mélange le plus bizarre de métaphysique subtile et de locutions triviales, de sentiments alambiqués et de dictions populaires. » L'œuvre déroge aux principes de cohérence et d'unicité classiques, par ses objets, par sa forme et par son style. L'abbé Laporte fait un portrait de Marivaux dans *L'Observateur littéraire* en 1759 : « Ne voulant avoir d'autres modèles que lui-même, il s'est frayé une route nouvelle. Il a imaginé d'introduire la métaphysique sur la scène et d'analyser le cœur humain dans ses dissertations tendrement épigrammatiques. […] Ne croyez cependant pas que cette subtilité métaphysique comique soit le seul caractère distinctif de ce théâtre. Ce qui y règne principalement est un fonds de philosophie dont les idées […] ont toutes pour but le bien général de l'humanité. »

L'œuvre de Marivaux s'inscrit dans une période de « seconde préciosité » selon ses contemporains. Après celle du milieu du XVIIe siècle, cette aspiration correspond à l'époque de la Régence et à celle du mouvement rococo. Cette seconde vague de préciosité naît du déplacement de la vie culturelle de la cour à la ville. Elle est représentée dans les salons parisiens, chez madame de Lambert, où se réunissent entre autres Fontenelle ou d'Argenson. Elle développe l'art des conversations marquée par la finesse, le jeu d'esprit, et les positions des Modernes en littérature. L'esprit est un des traits caractéristiques du *Jeu de l'amour et du hasard*, mais, restant opposé à la nature autant qu'à la raison, associé à une forme de superficialité et confondu avec le babillage mondain, ce trait lui est souvent reproché. Certains jugements critiques dénigrent aussi la ressemblance de toutes les œuvres de Marivaux qui traitent des mêmes passions. Marivaux s'en défend. Il prend le contrepied de l'académisme et des normes poétiques qui sont le fait du classicisme. Dans l'opposition entre le parti moderne et le parti classique, Marivaux s'engage dans le premier : « J'aime mieux être humblement assis sur le dernier banc dans la petite troupe des auteurs originaux qu'orgueilleusement placé à la première ligne dans le nombreux bétail des singes littéraires. » (D'Alembert, 1785). Il prétend être le plus naturel des auteurs et ne pas inscrire ses œuvres « dans le goût de tel Ancien ou de tel Moderne » (Marivaux dans *Le Spectateur français*). Marivaux inverse les valeurs, et ce qui paraît artificiel à la critique est pour lui ce qui constitue la nature : « On croit voir partout le même genre de style dans mes comédies, parce que le dialogue y est partout l'expression simple des mouvements du cœur ; la vérité de cette expression fait croire que je n'ai qu'un même ton et qu'une même langue ; mais ce n'est pas moi que j'ai voulu copier, c'est la nature, et c'est peut-être parce que ce ton est naturel qu'il a paru singulier. » La pièce s'installe dans une querelle esthétique entre les Anciens et les Modernes. Mais le théâtre des Lumières n'offre pas plus de crédit à l'originalité de Marivaux. À l'inverse de Voltaire, Marivaux s'intéresse à la philosophie de l'individu et non à celle d'une collectivité. Marivaux privilégie un théâtre intime à la peinture d'une société, au sens où il ne confie pas à ses pièces une mission civique ou une légitimité sociale comme c'est le cas pour les œuvres de Diderot ou Voltaire.

Malgré son succès, Marivaux reste en dehors de son temps,

marginal, et disparaît des scènes dans la seconde moitié du XVIIIe siècle, après la transformation du Théâtre Italien en Opéra-Comique. C'est peut-être ce qui lui vaut tant de succès aux XXe et XXIe siècles. Les interprétations scéniques se multiplient : on joue *Le Jeu de l'amour et du hasard* tantôt dans un salon bourgeois du XIXe siècle (mise en scène de Jean-Paul Roussillon), dans un décor neutre d'une banlieue du XXIe siècle (point de départ de *L'Esquive* de Kechiche), ou encore une représentation du *Jeu de l'amour et du hasard* avec des masques de singes par Alfredo Arias. La pièce fait désormais partie du répertoire dramatique français d'un des trois auteurs les plus joués en France avec Molière et Beaumarchais.

LES THÈMES
PRINCIPAUX

Le Jeu de l'amour et du hasard propose une thématique et une structure pour les intrigues originales. On trouve des échos de cette volonté d'originalité dans les propos même des personnages, à l'instar de Silvia qui ne cesse de clamer son envie d'une aventure exceptionnelle. Silvia trouve la situation de Dorante « neuve, assurément » (II, 12) et estime qu'« il n'est jamais rien arrivé d'égal à cela » (II, 13). Dorante lui-même déclare : « Tout ce qui se passe ici, tout ce qui m'y est arrivé à moi-même est incroyable » (III, 2). Le dénouement conforte les personnages dans le sentiment d'être les héros d'un événement extraordinaire : « C'est un mariage unique ; c'est une aventure dont le seul récit est attendrissant ; c'est le coup de hasard le plus singulier, le plus heureux, le plus... » (Silvia, III, 4). L'intrigue se dessine comme une « comédie » sous la forme d'un double stratagème qu'Orgon résume à Mario (I, 3). L'intrigue est construite sur le modèle inverse des comédies traditionnelles : le « non » initial de Silvia, tout comme celui de Dorante, aboutit implicitement à un acquiescement final, alors que traditionnellement c'est un « oui » qui introduit la pièce, et qui, même s'il est contrarié par des obstacles imposés par la société, finit par triompher au moment du dénouement. Le refus catégorique des héros à l'acte premier se lit comme une anomalie qui déroge à la loi commune. C'est l'occasion de confrontations entre maîtres et valets, comme le montre la toute première scène du Jeu de l'amour et du hasard. Silvia s'oppose à Lisette : « Mais encore une fois, de quoi vous mêlez-vous, pourquoi répondre de mes sentiments. » Et Lisette répond à sa maîtresse : « C'est que j'ai cru que dans cette occasion-ci, vos sentiments ressembleraient à ceux de tout le monde. » L'affrontement se teinte de considérations sociales qui gagnent en violence : « Taisez-vous, allez répondre vos impertinences ailleurs » (Silvia, I, 1) ; « si j'étais votre égale, nous verrions » (Lisette,

I, 1). Le point culminant de cette agitation entre deux classes sociales est la violente dispute entre Silvia et Lisette à l'acte II, scène 7. Dans son désir d'exception à la loi commune du mariage, Silvia montre une forme d'imposture et de coquetterie. Elle se ment en s'entretenant dans l'image exceptionnelle que lui renvoie son amour-propre. Elle contemple sa singularité et devient presque asociale : Silvia ne tolère aucun des maris qu'elle connaît (fin de l'acte I, 1). L'obstacle des deux couples Dorante/Silvia et Arlequin/Lisette pour reconnaître leur amour repose sur la dépendance des héros à l'égard des conventions sociales et du regard d'autrui, leur attirance mutuelle étant immédiate.

Le déguisement et la mise en abîme du théâtre est un nouveau motif qui appuie l'originalité de l'intrigue ; c'est par ce processus dramaturgique que Marivaux se distingue dans cette pièce. La machination, en effet, construit toute l'intrigue de la pièce ; les configurations et les enjeux sont mouvants. À l'origine, il y a la mise en scène orchestrée par Silvia qui échange sa place avec celle de Lisette, sa femme de chambre. Elle se déguise en suivante pour observer le prétendant qu'on lui destine et juger librement s'il lui plaît ou non, en dehors de la parade sociale et de la rhétorique de séduction que lui impose son rang. Cette mise à l'épreuve est alors dédoublée par la ruse symétrique de Dorante qui souhaite en faire de même et prend alors la place de son valet. Jusque-là, l'unité d'action est respectée, Dorante ne faisant que complexifier une même action. Mais d'autres machinistes entrent en scène : Orgon et Mario en savent tout autant que le spectateur sur l'intrigue. Ils maîtrisent l'ensemble des données et ont conscience de l'enjeu de la pièce, à savoir la reconnaissance mutuelle de Silvia et Dorante malgré le travestissement social. Le père de Dorante est lui aussi, malgré son absence, meneur de jeu. À la scène 7 de l'acte II, Silvia fait clairement comprendre à

Lisette que le faux Dorante ne lui plaît pas du tout et que son jugement est définitif. L'intrigue pourrait s'achever au deuxième acte, une fois que Dorante révèle son identité. Mais Silvia ajoute un nouveau défi qui rompt avec l'unité d'action. Elle amène Dorante à bafouer les conventions sociales par amour pour elle et ne lui révèle en rien son travestissement. Au départ, l'objectif était de pouvoir juger sur des apparences qui ne soient pas bâties sur un statut, puis l'intrigue s'élargit et dérive de son projet initial. Il s'agit ensuite de juger contre les apparences, et c'est ainsi que le théâtre devient une mise à l'épreuve aussi bien pour les domestiques que pour leurs maîtres. Par ailleurs, la relation des domestiques dépend de l'évolution de celles de leurs maîtres et inversement. Dorante et Silvia perdent le fil de leur machination initiale et s'orientent dans une toute autre direction. En revanche, Orgon et Mario continuent leur jeu de manipulation et dirigent l'ensemble de la mise en scène. Ils l'orientent, multiplient les incitations ou les prolepses (particulièrement Mario : « Peut-être que Dorante prendra du goût pour ma sœur, toute soubrette qu'elle sera », I, 3). D'autre part, le père de Silvia lui-même autorise le déguisement. Et c'est Mario qui incite au tutoiement, qui pimente les joutes verbales, qui appuie sur le caractère divertissant du mensonge : « Je veux me trouver au début et les agacer tous deux » (I, 3). Son jeu ne manque pas d'une certaine cruauté, il se moque de sa sœur qui le comprend et finit par s'en impatienter à la scène 11 de l'acte II. L'ironie théâtrale fonctionne pleinement grâce à Orgon et Dorante. Les valets veulent aussi jouer le rôle de machinistes, particulièrement Lisette qui se prend au jeu dès la scène 2 de l'acte I : Arlequin est fier de sa victoire avec Lisette qu'il croit « femme de condition » quand Lisette prétend que la comédie qu'elle joue à Arlequin, prétendu Dorante, est son propre « chef-d'œuvre ». Et Orgon les laisse se repaître de cette illusion. Tous deux seront aussi les victimes de cette double manipulation qui laisse entrevoir une forme de cruauté sociale.

Le langage, en revanche, ne semble pas se dédoubler a priori. Les formulations de Dorante et d'Arlequin sont propres à leur rang et il en va de même pour Silvia et Lisette. Toute l'œuvre de machination passe par le discours ou par la lettre, en somme par le langage. Silvia et Dorante se laissent prendre par leur conversation qui ne devrait pas avoir lieu entre une servante et un valet. Leur conversation devient une source d'interrogation sur leurs sentiments et sur leur identité : « Je devrais me dispenser de te le dire » (Silvia, II, 9). Parler crée un lien entre eux qui socialement n'a pas lieu d'être, et c'est cette même parole qui rend visible toute l'ambiguïté de la pièce. La séduction entre les deux couples se manifeste non pas par les gestes mais bien par les discours. Les mots ne sont pas des instruments mais des forces suggestives : « Je voudrais bien savoir comment il se fait que j'ai la bonté de t'écouter, car assurément, cela est singulier ! » (I, 6). Les sous-entendus grivois d'Arlequin expriment toute la tension du dialogue à travers le désir des personnages. Les conversations ne sont pas des bavardages, au contraire ils expriment les expériences des personnages, leurs sentiments, leurs décisions. La suggestion est donnée par les rythmes accélérés des expressions, les stichomythies, la brièveté des répliques ou encore la forme d'un dialogue à deux voix comme à la scène 6 de l'acte premier. La confrontation verbale de Dorante et de Silvia n'est pas le résultat de l'affrontement de deux altérités mais au contraire celui de deux âmes en tous points égales, comme pour Arlequin et Lisette. En revanche, du fait du déguisement, Silvia et Lisette s'affrontent verbalement tout comme Arlequin et Dorante, car chacun croit déroger à son rang. Le seul moyen de prolonger cette transgression, c'est par le discours. Le travestissement de leur identité rend leur discours instable et opaque. Cette opacité est l'occasion pour la scène théâtrale d'offrir des effets comiques ou un plaisir de la double entente pour le spectateur. La parole devient alternativement le vecteur du plaisir, de la souffrance, du mensonge, ou de la vérité : c'est à travers elle que surgit la révélation.

Le langage est aussi le lieu de l'individualisation. Les deux couples se reconnaissent à travers leur langage respectif. L'altérité se construit dans l'interaction, dans le jeu verbal et non pas dans les monologues. Néanmoins, cette altérité permet d'universaliser le personnage et nuance donc toute singularité. L'individu est double : il est à la fois unique et universel. À travers les noms des personnages, on se rend compte qu'il s'agit de « types », de modèles connus du public ou considérés comme tels. Aucun des personnages n'a de passé pour venir épaissir sa personnalité. L'identité de chacun se construit dans le jeu et dans le langage. L'absence de monologue ne permet pas d'accéder à une intériorité du personnage. Le public doit se fier à la place que chacun occupe par rapport à l'autre. C'est l'amour qu'ils éprouvent les uns pour les autres qui les amène à affirmer leur identité propre.

La confrontation des identités en termes de maîtres et de valets pose des questions politiques. C'est un ressort typique du genre comique. Ce qui est original dans cette pièce, c'est que la violence des confrontations n'est pas entre un valet et son maître mais lorsque tous deux se retrouvent sur un même plan d'égalité à travers le déguisement. Arlequin s'en prend à Silvia qu'il pense être une servante et adopte un ton critique et supérieur (II, 6). Les disputes éclatent parce qu'ils sont tous tantôt serviteur tantôt maître. De même, Mario taquine Dorante sur sa position sociale en le ramenant toujours à son rôle de « Mons Bourguignon ». Arlequin et Lisette miment les intonations ou les gestes de leurs maîtres, c'est une revanche ludique sur leur plus basse condition, mais qui n'est pas sans souligner ce besoin de rétablir une forme de justice : « Va, le mal n'est pas grand, consolons-nous » (Lisette, III, 6). Le rire les fait échapper à leur dépendance sociale, et la distance de leur condition leur permet d'anticiper sur leur maître. La vérité et la chair dans le discours des valets s'opposent aux ruses et aux détours dans ceux des maîtres, mais chacun des binômes donne à l'autre l'occasion de s'exprimer et de s'appuyer sur l'expérience de l'autre. Marivaux ne tranche pas sur la question politique, il transcrit plutôt l'antagonisme des statuts sociaux d'un point de vue relationnel.

ÉTUDE DU MOUVEMENT LITTÉRAIRE

À la mort de Molière, sa troupe fusionne avec celle du Marais, puis avec celle de l'Hôtel de Bourgogne, et constitue par décision royale la Comédie-Française. Elle n'a tout au long du XVIIIe siècle qu'un seul rival : le Théâtre Italien qui, après 1750, absorbe le Théâtre de la Foire pour former l'Opéra-Comique. Les auteurs comiques du xviiie siècle s'inspirent beaucoup de Molière. Les uns choisissent la farce, d'autres la peinture de mœurs, d'autres encore s'essaient à la comédie de caractères. À la notion de devoir qui couvre tout le XVIIe siècle s'ajoute celle des droits. L'individu a désormais droit à la justice, au bien-être matériel, au bonheur. La vie de société prend une grande importance. Chacun veut oublier le malheur et le sens du tragique s'estompe. La comédie d'intrigues s'installe à travers les pièces de Regnard, caractérisée par la farce, les jeux de mots, les situations burlesques, les coups de théâtre. Dancourt doit beaucoup à La Bruyère, principalement pour la satire sociale, où l'on dénonce une corruption devenue générale. La comédie larmoyante de Destouches devient un véritable sermon laïc : il s'agit de faire aimer la vertu. Il participe au courant qui aboutit plus tard au romantisme et au mélodrame. La comédie attendrit, elle est lue comme plus morale et plus vraie que la tragédie. Diderot lui donne le nom de « drame bourgeois ».

L'œuvre théâtrale de Marivaux est plus connue que ses romans. De 1720 à 1740, les trente-deux pièces qu'il donne à la Comédie-Française et au Théâtre Italien obtiennent toutes un grand succès, et en particulier *Le Jeu de l'amour et du hasard* et *Les Fausses Confidences*, qui ont gardé jusqu'à nos jours les faveurs du public. Marivaux évite l'écueil de l'ironie et opte pour un sourire amusé et complice devant la « comédie » sincère de l'amour. Il crée ainsi un genre nouveau en substituant à la peinture vigoureuse des caractères marqués une minutieuse analyse des sentiments : héroïque et romanesque dans *Le Prince travesti*, mythologique dans *Le Triomphe de Plutus* qui critique vivement les milieux financiers, satirique dans *L'Héritier de village*. Quelques comédies sentimentales et moralisantes s'ajoutent à son répertoire (*La Mère confidente* et *La Femme fidèle*). Son propos est orienté vers l'amour (*Le Jeu de l'amour et du hasard*, *Les Fausses Confidences*). L'amour-propre, le préjugé social, l'égoïsme et le désir de liberté sont les seuls obstacles que ses héros doivent surmonter. Ces petits travers créent un jeu subtil où finalement l'amour triomphe. Les personnages de Marivaux ne cessent d'affirmer que l'affaire est « sérieuse », que leur aventure est toujours particulière, singulière et unique. Ainsi, le marivaudage dans le langage comme dans l'expression n'est pas un badinage léger : il oscille entre l'indifférence et la douleur. Comme chez Racine, l'amoureux cherche à voir clair chez les autres, puis il est réduit à voir clair en lui-même. Un autre trait dominant chez Marivaux est le rapport des classes, thème déjà présent et dominant dans le genre de la comédie depuis Plaute. Cela devient un pivot de l'intrigue grâce au travestissement par lequel les rapports se chevauchent et dans le même temps se précisent. À travers le thème du sentiment de l'amour sont jetées les bases des principes « Liberté, Égalité, Fraternité ». Cette vérité psychologique alliée à la grâce de l'expression et du langage crée une atmosphère qui plaît au public du XVIIIe siècle, amateur de comédies de salon et de divertissement.

Dans ce prolongement, Diderot propose une « tragédie domestique et bourgeoise » mais le « drame » n'a pas grand succès en pratique. Il faut attendre Beaumarchais à la fin du siècle qui introduit le plus possible de sujets d'actualité dans un décor de vie quotidienne avec *La Mère coupable*. À la veille de la Révolution, *Le Barbier de Séville* (1775) et *Le Mariage de Figaro* (1784) sont les grands succès du théâtre. Beaumarchais revient à la franche comédie, à l'ancienne farce. Le rire jaillit à nouveau de l'intrigue, des quiproquos, des travestissements, et l'art du dialogue atteint la perfection.

DANS LA MÊME COLLECTION
(par ordre alphabétique)

- **Anonyme**, *La Farce de Maître Pathelin*
- **Anouilh**, *Antigone*
- **Aragon**, *Aurélien*
- **Aragon**, *Le Paysan de Paris*
- **Austen**, *Raison et Sentiments*
- **Balzac**, *Illusions perdues*
- **Balzac**, *La Femme de trente ans*
- **Balzac**, *Le Colonel Chabert*
- **Balzac**, *Le Lys dans la vallée*
- **Balzac**, *Le Père Goriot*
- **Barbey d'Aurevilly**, *L'Ensorcelée*
- **Barbey d'Aurevilly**, *Les Diaboliques*
- **Bataille**, *Ma mère*
- **Baudelaire**, *Les Fleurs du Mal*
- **Baudelaire**, *Petits poèmes en prose*
- **Beaumarchais**, *Le Barbier de Séville*
- **Beaumarchais**, *Le Mariage de Figaro*
- **Beauvoir**, *Mémoires d'une jeune fille rangée*
- **Beckett**, *En attendant Godot*
- **Beckett**, *Fin de partie*
- **Brecht**, *La Noce*
- **Brecht**, *La Résistible ascension d'Arturo Ui*
- **Brecht**, *Mère Courage et ses enfants*
- **Breton**, *Nadja*
- **Brontë**, *Jane Eyre*
- **Camus**, *L'Étranger*
- **Carroll**, *Alice au pays des merveilles*
- **Céline**, *Mort à crédit*

- **Céline**, *Voyage au bout de la nuit*
- **Chateaubriand**, *Atala*
- **Chateaubriand**, *René*
- **Chrétien de Troyes**, *Perceval*
- **Cocteau**, *La Machine infernale*
- **Cocteau**, *Les Enfants terribles*
- **Colette**, *Le Blé en herbe*
- **Corneille**, *Le Cid*
- **Crébillon fils**, *Les Égarements du cœur et de l'esprit*
- **Defoe**, *Robinson Crusoé*
- **Dickens**, *Oliver Twist*
- **Du Bellay**, *Les Regrets*
- **Dumas**, *Henri III et sa cour*
- **Duras**, *L'Amant*
- **Duras**, *La Pluie d'été*
- **Duras**, *Un barrage contre le Pacifique*
- **Flaubert**, *Bouvard et Pécuchet*
- **Flaubert**, *L'Éducation sentimentale*
- **Flaubert**, *Madame Bovary*
- **Flaubert**, *Salammbô*
- **Gary**, *La Vie devant soi*
- **Giraudoux**, *Électre*
- **Giraudoux**, *La Guerre de Troie n'aura pas lieu*
- **Gogol**, *Le Mariage*
- **Homère**, *L'Odyssée*
- **Hugo**, *Hernani*
- **Hugo**, *Les Misérables*
- **Hugo**, *Notre-Dame de Paris*
- **Huxley**, *Le Meilleur des mondes*
- **Ionesco**, *Rhinocéros*
- **Jaccottet**, *À la lumière d'hiver*
- **James**, *Une vie à Londres*
- **Jarry**, *Ubu roi*

- **Kafka**, *La Métamorphose*
- **Kerouac**, *Sur la route*
- **Kessel**, *Le Lion*
- **La Fayette**, *La Princesse de Clèves*
- **La Fayette**, *La Princesse de Montpensier*
- **Le Clézio**, *Mondo et autres histoires*
- **Levi**, *Si c'est un homme*
- **London**, *Croc-Blanc*
- **London**, *L'Appel de la forêt*
- **Maupassant**, *Boule de suif*
- **Maupassant**, *Le Horla*
- **Maupassant**, *Une vie*
- **Molière**, *Amphitryon*
- **Molière**, *Dom Juan*
- **Molière**, *L'Avare*
- **Molière**, *Le Malade imaginaire*
- **Molière**, *Le Tartuffe*
- **Molière**, *Les Fourberies de Scapin*
- **Musset**, *Les Caprices de Marianne*
- **Musset**, *Lorenzaccio*
- **Musset**, *On ne badine pas avec l'amour*
- **Nerval**, *Les Chimères*
- **Perec**, *La Disparition*
- **Perec**, *La Vie mode d'emploi*
- **Perec**, *Les Choses*
- **Perrault**, *Contes*
- **Prévert**, *Paroles*
- **Prévost**, *Manon Lescaut*
- **Proust**, *À l'ombre des jeunes filles en fleurs*
- **Proust**, *Albertine disparue*
- **Proust**, *Du côté de chez Swann*
- **Proust**, *Le Côté de Guermantes*
- **Proust**, *Le Temps retrouvé*

- **Proust**, *Sodome et Gomorrhe*
- **Proust**, *Un amour de Swann*
- **Queneau**, *Exercices de style*
- **Quignard**, *Tous les matins du monde*
- **Rabelais**, *Gargantua*
- **Rabelais**, *Pantagruel*
- **Racine**, *Andromaque*
- **Racine**, *Bérénice*
- **Racine**, *Britannicus*
- **Racine**, *Phèdre*
- **Renard**, *Poil de carotte*
- **Rimbaud**, *Une saison en enfer*
- **Sagan**, *Bonjour tristesse*
- **Saint-Exupéry**, *Le Petit Prince*
- **Sarraute**, *Enfance*
- **Sarraute**, *Tropismes*
- **Sartre**, *Huis clos*
- **Sartre**, *La Nausée*
- **Senghor**, *La Belle histoire de Leuk-le-lièvre*
- **Shakespeare**, *Roméo et Juliette*
- **Steinbeck**, *Les Raisins de la colère*
- **Stendhal**, *Le Rouge et Le Noir*
- **Stendhal**, *La Chartreuse de Parme*
- **Verlaine**, *Romances sans paroles*
- **Verne**, *Une ville flottante*
- **Verne**, *Voyage au centre de la Terre*
- **Vian**, *J'irai cracher sur vos tombes*
- **Vian**, *L'Arrache-cœur*
- **Vian**, *L'Écume des jours*
- **Voltaire**, *Candide*
- **Voltaire**, *Micromégas*
- **Zola**, *Au Bonheur des Dames*
- **Zola**, *Germinal*

- **Zola**, *L'Argent*
- **Zola**, *L'Assommoir*
- **Zola**, *La Bête humaine*
- **Zola**, *Nana*
- **Zola**, *Pot-Bouille*